ねこあつめ 読書ノート

ヒットポイント・監修

集英社みらい文庫

登場ねこ紹介

くろねこさん	しろくろさん	とびみけさん
ツンデレ	おちょうしもの	やんちゃ
ちゃとらさん	しろちゃとらさん	みけさん
イケメン風味	きょとんさん	のんびり
しまみけさん	はちわれさん	ぽいんとさん
スローライフ	しっかりもの	つんつん
くつしたさん	はいしろさん	しろさばさん
ぼうけんか	高級志向	びびり
おっどさん	とーびーさん	ちゃはちさん
人見知り	負けず嫌い	優柔不断
あかげさん	くりーむさん	あかさびさん
てれ屋	きまぐれ	慎重派

読書ノートの使用例

100冊目指してメモして、
世界に1冊だけの読書ノートを完成させましょう!!

- 1冊読み終わったら、チェックを☆
100枚ついてるチェックシールを貼ったり、
サインやハンコをおしても♪

- 面白かった分だけ、
にぼしマークを塗りつぶしてね♡

- イラストを描いても♡

- お気に入りのシールで、デコってみても!

- 色ペンをつかうのもオススメ☆

	月 日 曜日
3 冊目	タイトル

作
イラスト

面白かった度
① ② ③ ④ ⑤

お気に入りのキャラ

心に残ったセリフ

好きなシーン

MEMO

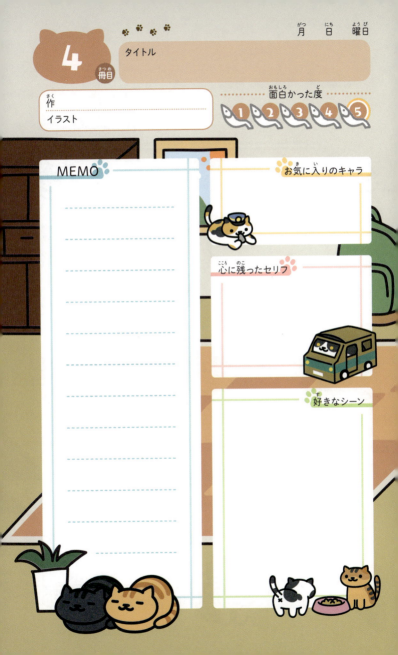

| | | | 月 | 日 | 曜日 |

7冊目

タイトル:

作:
イラスト:

面白かった度: ① ② ③ ④ ⑤

お気に入りのキャラ

心に残ったセリフ

好きなシーン

MEMO

8冊目	タイトル
作	
イラスト	

面白かった度 ① ② ③ ④ ⑤

月　日　曜日

MEMO

お気に入りのキャラ

心に残ったセリフ

好きなシーン

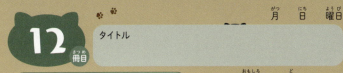

月　日　曜日

12 冊目

タイトル

作
イラスト

面白かった度
1 2 3 4 5

MEMO

お気に入りのキャラ

心に残ったセリフ

好きなシーン

月 日 曜日

13冊目

タイトル

作
イラスト

面白かった度
1 2 3 4 5

好きなシーン

お気に入りのキャラ

心に残ったセリフ

MEMO

15 冊目

タイトル

作
イラスト

面白かった度 1 2 3 4 5

お気に入りのキャラ

心に残ったセリフ

好きなシーン

MEMO

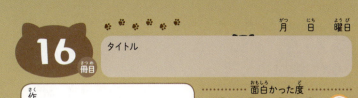

16冊目

タイトル

月 日 曜日

作
イラスト

面白かった度
1 2 3 4 5

MEMO

お気に入りのキャラ

心に残ったセリフ

好きなシーン

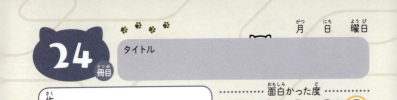

24冊目 タイトル

月　日　曜日

作
イラスト

面白かった度 ① ② ③ ④ ⑤

MEMO

お気に入りのキャラ

心に残ったセリフ

好きなシーン

27 冊目

タイトル

月　日　曜日

作
イラスト

面白かった度
① ② ③ ④ ⑤

お気に入りのキャラ

心に残ったセリフ

好きなシーン

MEMO

28冊目

月　日　曜日

タイトル

作
イラスト

面白かった度: 1 2 3 4 **5**

MEMO

お気に入りのキャラ

心に残ったセリフ

好きなシーン

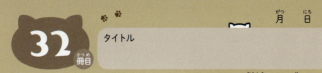

月 日 曜日

32 冊目

タイトル

作
イラスト

面白かった度
1 2 3 4 5

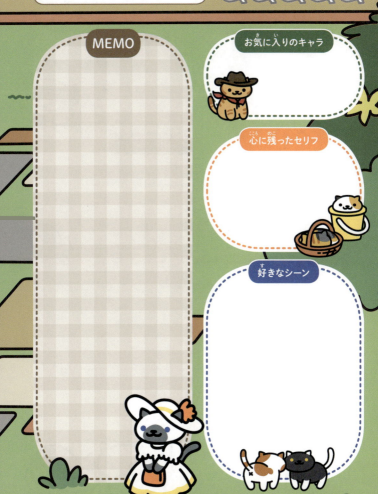

MEMO

お気に入りのキャラ

心に残ったセリフ

好きなシーン

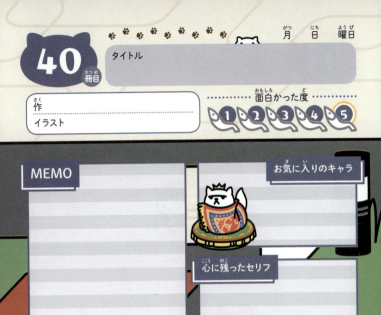

40冊目 タイトル

作
イラスト

面白かった度: 1 2 3 4 **5**

MEMO

お気に入りのキャラ

心に残ったセリフ

好きなシーン

| | | | 月 | 日 | 曜日 |

43冊目

タイトル

作
イラスト

面白かった度
1 2 3 4 **5**

お気に入りのキャラ

心に残ったセリフ

好きなシーン

MEMO

44冊目

タイトル

作
イラスト

面白かった度
1 2 3 4 5

MEMO

お気に入りのキャラ

心に残ったセリフ

好きなシーン

月　日　曜日

47 冊目

月 日 曜日

タイトル

作
イラスト

面白かった度
1 2 3 4 5

お気に入りのキャラ

心に残ったセリフ

好きなシーン

MEMO

48冊目

月　日　曜日

タイトル

作
イラスト

面白かった度
1　2　3　4　**5**

MEMO

お気に入りのキャラ

心に残ったセリフ

好きなシーン

51冊目

月　日　曜日

タイトル

作
イラスト

面白かった度: 1 2 3 4 **5**

お気に入りのキャラ

心に残ったセリフ

好きなシーン

MEMO

52 冊目

タイトル

作
イラスト

面白かった度
1 2 3 4 5

MEMO

お気に入りのキャラ

心に残ったセリフ

好きなシーン

月 日 曜日

55冊目

タイトル

作
イラスト

面白かった度
① ② ③ ④ ⑤

月 日 曜日

お気に入りのキャラ

心に残ったセリフ

好きなシーン

MEMO

56冊目

タイトル

作:
イラスト:

面白かった度: 1 2 3 4 **5**

MEMO

お気に入りのキャラ

心に残ったセリフ

好きなシーン

60冊目

月　日　曜日

タイトル

作
イラスト

面白かった度
1　2　3　4　5

MEMO

お気に入りのキャラ

心に残ったセリフ

好きなシーン

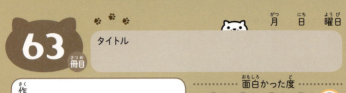

63冊目

タイトル

作
イラスト

面白かった度: 1 2 3 4 **5**

お気に入りのキャラ

心に残ったセリフ

好きなシーン

MEMO

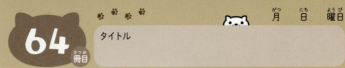

64冊目 タイトル

月 日 曜日

作
イラスト

面白かった度
1 2 3 4 5

MEMO

お気に入りのキャラ

心に残ったセリフ

好きなシーン

71 冊目

月 日 曜日

タイトル

作
イラスト

面白かった度: 1 2 3 4 **5**

お気に入りのキャラ

心に残ったセリフ

好きなシーン

MEMO

75 冊目

月　日　曜日

タイトル

作
イラスト

面白かった度: ① ② ③ ④ ⑤

お気に入りのキャラ

心に残ったセリフ

好きなシーン

MEMO

76冊目

タイトル

作
イラスト

面白かった度: 1 2 3 4 **5**

月　日　曜日

MEMO

お気に入りのキャラ

心に残ったセリフ

好きなシーン

77冊目

タイトル

作
イラスト

面白かった度
1 2 3 4 5

好きなシーン

お気に入りのキャラ

心に残ったセリフ

MEMO

79冊目

タイトル

作
イラスト

面白かった度
1 2 3 4 5

お気に入りのキャラ

心に残ったセリフ

好きなシーン

MEMO

80 冊目

タイトル

月　日　曜日

作
イラスト

面白かった度
1　2　3　4　5

MEMO

お気に入りのキャラ

心に残ったセリフ

好きなシーン

91冊目

タイトル

作
イラスト

月 日 曜日

面白かった度
1 2 3 4 5

お気に入りのキャラ

心に残ったセリフ

好きなシーン

MEMO

月 日 曜日

92冊目

タイトル

作
イラスト

面白かった度
1 2 3 4 5

MEMO

お気に入りのキャラ

心に残ったセリフ

好きなシーン

あと少し！
95冊目

タイトル

作
イラスト

面白かった度
① ② ③ ④ ⑤

月　日　曜日

お気に入りのキャラ

心に残ったセリフ

好きなシーン

MEMO

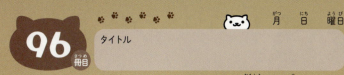

96冊目

タイトル

作
イラスト

面白かった度: 1 2 3 4 **5**

MEMO

お気に入りのキャラ

心に残ったセリフ

好きなシーン

98冊目

月 日 曜日

タイトル

作
イラスト

面白かった度
1 2 3 4 **5**

お気に入りのキャラ

好きなシーン

心に残ったセリフ

MEMO

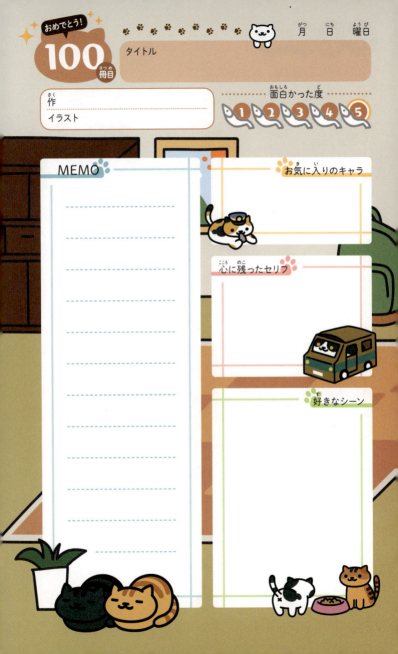

MEMO

集英社みらい文庫

ねこあつめ🐾読書ノート

ヒットポイント 監修

2016年6月29日　第1刷発行
2019年6月16日　第2刷発行

発 行 者　北畠輝幸
発 行 所　株式会社 集英社
　　　　　〒101-8050　東京都千代田区一ツ橋2-5-10
　　　　　電話　編集部 03-3230-6246
　　　　　　　　読者係 03-3230-6080
　　　　　　　　販売部 03-3230-6393 (書店専用)
　　　　　http://miraibunko.jp
装　　丁　佐藤真琴・松尾美恵子(株式会社鷗来堂)　中島由佳理
印　　刷　凸版印刷株式会社
製　　本　凸版印刷株式会社

ISBN978-4-08-321325-0　C8200　N.D.C.913 111P 18cm
©HitPoint 2016　Printed in Japan

定価はカバーに表示してあります。造本には十分注意しておりますが、乱丁、落丁（ページ順序の間違いや抜け落ち）の場合は、送料小社負担にてお取替えいたします。購入書店を明記の上、集英社読者係宛にお送りください。但し、古書店で購入したものについてはお取替えできません。
本書の一部、あるいは全部を無断で複写（コピー）、複製することは、法律で認められた場合を除き、著作権の侵害となります。また、業者など、読者本人以外による本書のデジタル化は、いかなる場合でも一切認められませんのでご注意ください。